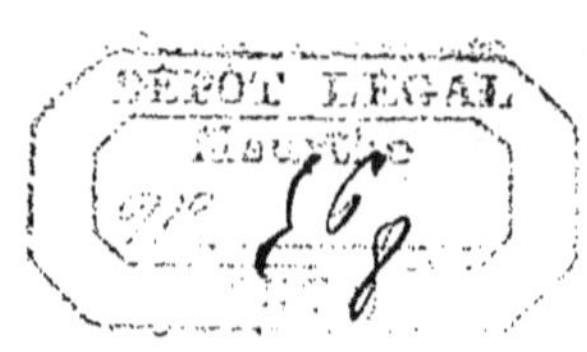

R. LE BUDGET DE 1878

Les lois de finances sont en général d'honnêtes personnes qui ne font guère parler d'elles. La périodicité, qui est un de leurs caractères essentiels, leur ôte forcément le mérite de l'imprévu, et l'aridité plus apparente que réelle de la matière suffirait d'ailleurs pour en détourner les esprits superficiels. Il n'y a pourtant pas de questions dont l'intérêt soit plus général, plus universel même que les questions budgétaires. Quel est celui d'entre nous, jeune ou vieux, riche ou pauvre, citadin ou rural, qui n'ait pas sa part marquée dans le budget, sinon comme partie prenante, du moins comme contribuable ? Un pays comme la France n'est en somme qu'une grande société anonyme dont nous sommes tous actionnaires, et nul ne devrait par conséquent se désintéresser de la gestion commune. Mais l'homme est ainsi fait. Le soleil aussi est une institution d'intérêt très-général, puisqu'il luit pour tout le monde ; cependant il n'y a pas un individu sur cent mille qui se donne la peine d'en approfondir l'admirable mécanisme, et Xavier de Maistre est certainement seul à avoir songé à rendre obligatoire la contemplation quotidienne des astres. La foule s'en rapporte aveuglément, en ce qui concerne la marche du système planétaire, au Créateur, et en ce qui concerne la direction des finances nationales, aux spécialistes : ministres, administrateurs, députés, etc... On ne leur fait pas injure, ce nous semble, en émettant l'opinion qu'un contrôle attentif, de la part du public, aurait plus de raison d'être dans le second cas que dans le premier.

Au surplus, il n'y a pas de règles sans exception, et s'il est un budget qui ait eu le privilége d'échapper à l'indifférence dont la plupart de nos compatriotes sont coutumiers à l'égard des lois financières, c'est assurément le budget de 1878. On ne parlait guère d'autre chose il y a six semaines. La question budgétaire, devenue le nœud d'une situation politique sans précédents, était partout et sans cesse à l'ordre du jour. On la discutait à l'étranger comme en France, à la campagne comme à la ville, dans les cabarets comme dans les salons. Les feuilles sérieuses s'y consacraient tout entières et avec passion. D'autres journaux, qui d'ordinaire réservent leurs colonnes à des sujets très-différents, s'improvisaient professeurs de droit fiscal et mettaient en circulation les théories les plus hétérodoxes. Comme nos impôts ne se sont pas faits tout seuls, le point de départ de chacun d'eux consiste en une ou plusieurs lois qui en fixent le tarif et qui en règlent l'application. C'est ce que les journaux dont nous parlons avaient tout à coup découvert et confondant, volontairement ou non, la *manière de percevoir*, qui est ainsi déterminée une fois pour toutes, avec le *droit de percevoir* qui, chez nous, n'est jamais concédé au Gouvernement pour plus d'une année à la fois, ils arrivaient cavalièrement à cette conclusion que le vote du budget n'est qu'une mauvaise habitude qu'on a eu le tort de laisser prendre aux Assemblées et dont la continuation n'est rien moins que nécessaire. On aurait pu leur dire comme Talleyrand : « Trop de zèle ! » Ceux-mêmes qu'ils croyaient servir n'avaient pas de telles prétentions : le projet de budget de M. Caillaux, comme le projet de M. Léon Say, ne déclare-t-il pas concussionnaire quiconque percevrait « toutes contributions directes ou indirectes autres que celles autorisées » par la loi budgétaire elle-même ? C'était donc à une véritable interruption de la vie nationale que pouvait aboutir le conflit existant entre le pouvoir exécutif et le pouvoir législatif : on comprend l'émotion profonde causée par une semblable perspective.

Aujourd'hui l'émotion a cessé. Le conflit a pris fin le 13 décembre par la constitution d'un ministère parlementaire ; il était trop tard pour que le budget pût être discuté et voté avant le 1er janvier, mais les Chambres ont prorogé jusqu'à la fin de février les pouvoirs budgétaires des ministres, et d'ici là, la loi de finance, nous l'espérons, aura été rendue exécutoire. Les choses sont donc rentrées dans l'ordre et l'opinion est rassurée. Il est cependant permis de croire que le public suivra cette fois avec plus d'attention que d'ordinaire la discussion d'un budget qui a donné lieu à de si vives préoccupations. Nos lecteurs nous sauront peut-être gré de leur en faire connaître à l'avance l'économie générale et les particularités les plus intéressantes.

I.

Ainsi que nous le rappelions tout à l'heure, il y a en présence, pour la fixation des dépenses et des recettes de l'exercice courant, deux projets différents, l'un déposé le 11 janvier 1877 par M. Léon Say sur le bureau de la Chambre élue en 1876 et aujourd'hui dissoute, l'autre déposé le 12 novembre 1877 par M. Caillaux sur le bureau de la nouvelle Assemblée. Quand nous en serons à parler des recettes, nous constaterons entre les deux projets des divergences importantes. Mais du côté des dépenses, il y a presque identité, et c'est des dépenses que nous nous occuperons d'abord, suivant en cela l'ordre qui est le plus logique quand il s'agit du budget de l'État. Dans un budget particulier, un ordre différent s'impose : il ne dépend pas de chacun de nous de modifier à volonté ses revenus, et par conséquent nous sommes bien obligés d'en faire d'abord l'exacte évaluation pour y proportionner ensuite nos dépenses. Les revenus de l'État au contraire peuvent être, selon les exigences variables des services publics, sensiblement diminués ou accrus. Prélevés sur l'ensemble des fortunes individuelles, ils sont comparables à ces prises d'eau que l'on détache du cours d'un fleuve et qui sont destinées à faire marcher un moulin. Selon qu'il y a plus ou moins de travail à fournir, il faut à la roue plus ou moins d'eau, et c'est en élevant ou en abaissant une vanne qu'on arrive à en faire passer juste la quantité nécessaire. Le budget des recettes joue, au point de vue des revenus publics, le même rôle que cette vanne mobile. Le législateur dresse d'abord l'état des crédits qu'il juge nécessaires à la bonne administration des intérêts nationaux; puis il règle le jeu de l'impôt de manière à faire monter la recette au même niveau que la dépense.

La quotité totale des dépenses prévues au projet de budget primitif était de 2,785,616,713 fr. M. Léon Say lui-même y avait ajouté, à titre de *rectification*, une somme de 749,000 fr. Les *rectifications* postérieures au 16 mai donnent une augmentation nouvelle de 873,000 fr. Enfin diverses *modifications*, introduites également depuis le 16 mai, ajoutent encore 59,058 fr., de sorte que le chiffre définitif des dépenses proposées par M. Caillaux est de 2,787,297,771 fr.

Est-il besoin d'expliquer la nuance qui sépare un crédit *modifié* d'un crédit *rectifié ?* La rectification d'un crédit consiste dans une évaluation plus exacte d'une même dépense. Sur une foule de chapitres, on ne peut, au moment où le budget s'élabore, qu'énoncer des probabilités plus ou moins approximatives et les chances d'erreur sont d'autant plus grandes que le travail a lieu plus longtemps d'avance. Il est évident, par exemple, que le ministre de la guerre ne pouvait donner, il y a un an, qu'un chiffre très-hasardé pour le prix moyen des fourrages en 1878, puisqu'on n'avait même pas pour se guider, à cette époque, les indications de la récolte de 1877. On diminuerait beaucoup les inconvénients qui résultent de pareilles incertitudes si on faisait commencer en France, comme en Angleterre, aux États-Unis et maintenant aussi en Allemagne, l'année fiscale au printemps. La session ordinaire de nos Chambres législatives ayant son point de départ constitutionnel dans la première quinzaine de janvier, le budget pourrait alors être présenté avec des évaluations plus précises, et il n'y aurait plus si souvent lieu à *rectifications.*

Quant aux *modifications* proprement dites, ce sont les changements apportés à la fixation de certains crédits, non plus par suite d'erreurs corrigées, mais par suite d'appréciations nouvelles de la part du Gouvernement. Ainsi le ministère Jules Simon, tenant compte des réductions opérées par la Chambre dans le budget des cultes pour 1877, les avait spontanément reproduites dans le budget de 1878. Le ministère de Broglie a rétabli les crédits supprimés (400,000 fr. pour les édifices diocésains de la métropole, 100,000 fr. pour les édifices diocésains de l'Algérie, 140,000 fr. pour les bourses des séminaires catholiques). Voilà une modification réelle, un changement de crédits correspondant à un véritable changement de politique.

Le crédit total demandé par le Gouvernement se partage d'abord comme il suit :

Dette publique et dotations.	1,224,861,172 fr.
Services généraux des ministères.	1,290,534,939
Frais de régie, de perception et d'exploitation des impôts et revenus publics. 254,781,660	
Remboursements et restitutions, non-valeurs et primes 17,120,000	271,901,660
Total égal.	2,787,297,771 **fr.**

On voit que les services publics et la dette avec les dotations se partagent à peu près par moitié le revenu net de l'État. Au lendemain des énormes emprunts nécessités par les désastres de 1870 et 1871, la plus grosse part revenait à la dette. Mais l'amortissement rapide de l'emprunt fait à la Banque de France d'une part, et, d'autre part, l'augmentation continue des dépenses des ministères ont renversé la proportion.

Les 1,225 millions qui forment la première partie du budget des dépenses se divisent en cinq groupes de chapitres. La *dette consolidée*, qui occupe le premier rang comme classement et comme importance, ne réclame pas moins de 747 millions, savoir :

Nature des Rentes.	Intérêts annuels.	Capital de la dette.
Rente 5 p. %	346,001,605 fr.	6,920,032,100 fr.
Rente 4 $\frac{1}{2}$ p. %	37,443,636	832,080,000
Rente 4 p. %	446,096	11,152,400
Rente 3 p. %	363,337,147	12,111,238,233
Totaux	747,228,484 fr.	19,874,502,733 fr.

Ainsi notre dette consolidée s'élève à tout près de vingt milliards. C'est un pesant fardeau. La conversion du 5 p. %, quand elle sera jugée possible, réduira dans une proportion très-appréciable les arrérages annuels. Supposez que l'État emprunte demain au taux de 4 $\frac{1}{2}$ p. % les 7 milliards nécessaires pour rembourser les porteurs de 5 p. %. L'intérêt de ce nouvel emprunt ne serait que de 315 millions au lieu de 346. L'opération se solderait donc pour le Trésor par une économie annuelle d'au moins 30 millions. Il est vrai qu'elle diminuerait d'autant le revenu des rentiers ; mais l'intérêt général doit évidemment l'emporter ici sur l'intérêt privé, et il faut souhaiter que les circonstances n'ajournent pas à un avenir trop lointain cette urgente réduction des charges nationales.

Après les 4 chapitres de la dette consolidée viennent 16 chapitres intitulés : *Capitaux remboursables à divers titres*, et montant ensemble à 318,846,157 fr. Après les 150 millions annuellement consacrés à l'amortissement des sommes prêtées à l'État par la Banque de France, les crédits les plus importants sont ici : intérêts de la dette flottante (31 millions) ; annuités aux compagnies de chemins de fer (22 millions) ; annuité spéciale due à la Compagnie de l'Est, en échange des 835 kilomètres dépendant de son réseau qui sont devenus allemands en 1871 et qui ont compté pour 225 millions dans l'indemnité de 5 milliards imposée à la France (20 millions et demi) ; obligations du Trésor à courts termes, émises au profit du compte de liquidation de la guerre (18 millions) ;

annuités aux départements et communes, soit pour dommages de guerre (17 millions et demi), soit pour dépenses de casernement (9 millions) ; intérêts des cautionnements (9 millions) ; etc...

Vient ensuite la *dette viagère* qui monte en tout à 125 millions, dont 65 ¹/₂ pour les pensions militaires, 42,4 pour les pensions civiles, 9,6 pour les rentes viagères de la vieillesse.

Toutes les dépenses que nous avons énumérées jusqu'ici ont un caractère obligatoire et indiscutable qui justifierait, ce nous semble, la création d'un budget permanent analogue au *Consolidated Fund* des Anglais. Pourquoi remettre en question chaque année le paiement de dettes solennellement contractées par le pays ? Pourquoi admettre comme possible l'interruption du service de la rente, c'est-à-dire la faillite ou plutôt la banqueroute nationale ? Autant il nous paraît logique que les représentants du pays aient plein pouvoir sur toutes les dépenses qu'on peut considérer comme facultatives, dans le sens le plus large du mot, autant il nous semblerait juste de soustraire aux vicissitudes de la politique les engagements que, dans aucun cas, il ne serait permis à la France de répudier. Tôt ou tard, cette institution d'un Fonds consolidé deviendra générale chez les peuples libres. Les parlements eux-mêmes comprendront que cette limitation apparente de leur contrôle budgétaire ne fait, en somme, que le rendre plus effectif, et qu'il gagnerait en poids ce qu'il perdrait en surface. Mais le moment n'est pas favorable pour prêcher cette réforme en France : laissons au temps le soin d'en démontrer l'utilité.

Les *dépenses des pouvoirs législatifs* (indemnités et services administratifs) sont évaluées à 10,565,900 fr., savoir : 3,977,200 fr. pour le Sénat et 6,588,700 fr. pour la Chambre des députés. L'indemnité individuelle des 300 sénateurs étant fixée, comme celle des 533 députés, à 9,000 fr., on voit que les dépenses administratives ressortent, au Sénat, à 4,260 fr. par tête et à la Chambre à 3,200 fr. : il est tout naturel que ces frais généraux n'augmentent pas dans la même proportion que le nombre même des membres d'une assemblée.

Les *dotations* s'élèvent à 23 millions : 10 millions pour la Caisse des invalides de la marine et près de 12 millions pour la Légion d'honneur, ni l'une ni l'autre de ces deux institutions ne possédant des ressources suffisantes pour faire face à leurs obligations respectives ; enfin, 1,200,000 fr. pour le Président de la République, savoir 600,000 fr. de traitement, 300,000 fr. de frais de maison, et 300,000 fr. de frais de voyage et de représentation. Ce dernier crédit a donné lieu, lors de la discussion du budget de 1877, à une petite comédie parlementaire que les amateurs de ces sortes de choses n'ont certainement pas oubliée. C'était la Commission du budget qui avait pris l'initiative de cette allocation supplémentaire de 300,000 fr. Non-seulement la Présidence ne l'avait pas sollicitée, mais le Maréchal avait même cru devoir en décliner l'offre, et le ministre des finances avait été chargé d'en informer la Commission d'abord, puis la Chambre elle-même. C'était donc une affaire finie, si l'extrême gauche n'était venue se mettre à la traverse et proposer, par voie d'amendement, le rejet pur et simple du crédit, afin de ne pas laisser au Chef de l'État le mérite de sa discrétion. C'était M. Maigne qui s'était chargé de mettre ainsi le pied dans le plat préparé par la Commission du budget, mais les rieurs ne furent pas longtemps de son côté. Le ministre des finances lui succéda à la tribune, et, revènant fort opportunément sur sa déclaration première, il pria la Chambre de voter quand même le crédit de 300,000 fr., sauf à le voir annuler, plutôt que d'avoir l'air, en le repoussant, de se conformer, non pas au désir exprimé par le Président, mais aux protestations des intransigeants. Le crédit fut aussitôt voté par 412 voix contre 32.

Nous avons dit que les crédits demandés pour les services généraux des divers départements ministériels montaient, dans le projet du 12 novembre, à 1,290 millions et demi. Ce serait élargir outre mesure le cadre de cette étude que d'entrer dans le détail de chacun des budgets particuliers qui se partagent cette énorme somme, et une analyse de ce genre est d'autant moins nécessaire ici qu'aucune grande question de principe ne paraît devoir être posée, au sein du Parlement, en ce qui concerne cette partie de la loi de finances. Mais il est intéressant de montrer quelle a été, depuis la fin de l'empire, l'augmentation ou la diminution des ressources mises à la disposition des divers départements. Tel est l'objet du tableau ci-après où les crédits votés en 1868 pour 1869 sont mis en regard des crédits demandés en 1877 pour 1878 :

Services.	Exercice 1869 budgets ordinaire et extraordinaire.	Exercice 1878.	Augmentations ou diminutions.
Justice (et ministère d'État en 1869).	36,377,025f	34,430,740f	— 5.35 p. °/o.
Affaires étrangères. . .	13,164,200	12,892,800	— 2.05
Intérieur.	73,849,935	83,512,491	+ 12.95
Algérie.	38,572,766	25,697,867	— 33.40
Finances (service général).	23,759,664	20,698,522	— 12.90
Guerre.	373,835,778	539,484,034	+ 44.30
Marine et colonies . . .	171,838,422	192,327,012	+ 11.90
Instruction publique . .	25,483,321	53,570,714	+ 110.20
Cultes.	54,118,531	54,280,995	+ 0.30
Beaux-Arts.	8,279,100	7,516,190	— 9.20
Travaux publics	116,405,303	236,869,336	+ 103.50
Agric. et commerce (haras)	16,096,050	19,254,238	+ 19.50
Totaux.	951,780,095	1,290,534,939	+ 35.60 p. °/o.

Ce ne sont là, de part et d'autre, que des prévisions, mais la comparaison n'en est pas moins instructive.

On voit que le budget total des ministères s'est accru de plus d'un tiers, mais que cette augmentation est répartie d'une manière très-inégale. Cinq services dépensent moins aujourd'hui qu'il y a huit ou dix ans. Le service général des finances est celui qu'on s'étonnera le plus de voir figurer dans cette catégorie. Il comprend, outre les dépenses des exercices périmés et clos (336,000 fr.), l'administration centrale (10,353,322 fr.); l'administration des monnaies et médailles (254,700 fr.); la Cour des comptes (1,554,500 fr.), et le service de la Trésorerie (8,200,000 fr.). C'est sur ce dernier objet que des économies importantes ont été réalisées par la réduction progressive à 7 millions du crédit total partagé, à titre d'émoluments, entre les trésoriers-payeurs généraux et les receveurs particuliers. Ces emplois comportent plus de travail qu'autrefois et moins de profits, ce qui ne fait pas que le recrutement des titulaires soit devenu difficile : les candidats ne manquent pas encore.

Le ministère de la guerre demandait 374 millions en 1869. Il lui en faut aujourd'hui 165 de plus, ce qui porte son budget normal à tout près de 540 millions. Dans le budget commun de la marine et des colonies, le service de la marine de guerre compte pour 130 millions. Voilà donc, sans compter les ressources considérables du Compte de liquidation, une somme annuelle de 670 millions, plus de la moitié du chiffre total des crédits ministériels, absorbée par les impérieuses nécessités de la défense nationale. L'armée allemande, armée de terre et de mer, coûte juste 200 millions de moins, mais son organisation n'est pas la même, et puis les armées victorieuses coûtent moins cher à entretenir que les armées vaincues à réorganiser. Pour les deux pays, c'est bon an mal an de un milliard à un milliard et demi qui se trouvent ainsi sacrifiés sur les sombres autels du génie de la guerre.

Qu'il est triste de voir ainsi les forces vives de l'humanité occupées à se neutraliser et à s'entre-détruire, alors qu'il leur suffirait de s'unir pour transformer le monde ! Sera-t-il donné à nos enfants ou même aux enfants de nos enfants d'inaugurer cette ère d'universelle alliance qui rendrait l'homme si fort et si grand ? Nous le souhaitons de tout cœur sans trop oser l'espérer. Victor Hugo disait il n'y a pas longtemps, en style de prophète, que la paix serait « le nom de baptême du xxe siècle ». Nous ne demanderions pas mieux que d'en accepter l'augure. Malheureusement la même voix définissait l'avenir, tout récemment aussi, « un dieu traîné par des tigres ». Ce qui, sans être très-clair, nous paraît beaucoup moins rassurant.

Si quelque chose peut consoler de l'incessante progression des dépenses militaires, c'est le développement parallèle des dépenses fécondes qui ont pour objet, d'une part, l'enseignement, et, d'autre part, les travaux publics. En prenant à l'instituteur ou à l'ingénieur les millions supplémentaires que réclamait l'armée, on aurait consacré d'une manière irrévocable la déchéance de la France. Cette faute suprême n'a pas été commise, et le patriotisme des représentants du pays a compris que plus les charges nationales s'aggravaient, plus il était nécessaire de doter généreusement ceux des services publics qui constituent comme la double source du progrès intellectuel et du progrès économique. C'est pour la France vaincue et rançonnée un grand honneur que d'avoir su doubler le budget de ses écoles en même temps que celui de ses armées !

II.

La discussion du budget des dépenses ne portera guère que sur des questions de quotité. Le budget des recettes comporte au contraire des débats théoriques d'un incontestable intérêt. Ce n'est pas qu'il faille s'attendre à voir reparaître cette année les grands projets de réforme dont le défilé fut une des curiosités de la discussion du budget de 1877 : les cédules de M. Gambetta, l'impôt sur le revenu de M. Rouvier, l'impôt

sur le capital de M. Menier.... Comment pourrait-on demander sérieuse-
ment au législateur de changer en cours d'exercice tout le régime fiscal
du pays ? La question reviendra tout au plus à l'ordre du jour quand, du
budget de 1878, on passera au budget de 1879. Et encore les réforma-
teurs dont nous parlons ne seront peut-être pas très-pressés de saisir
de leurs idées respectives une assemblée nouvelle où ils retrouveraient,
en appel, la plupart des juges qui les ont condamnées en première
instance, il y a douze ou treize mois. Nous n'avons pas ici le loisir
d'analyser et de discuter ces diverses théories, dont chacune se présente comme la seule solution véritablement scientifique du problème.
Mais il est un point sur lequel la défense et l'attaque peuvent tomber
d'accord : c'est que la question n'est pas mûre encore, et qu'il n'y a
aucune chance de voir la Chambre des députés, à plus forte raison le
Sénat, entrer en ce moment dans la voie des innovations au moins
hasardeuses que préconisent certains esprits. L'excellence relative de
la situation budgétaire actuelle est une raison de plus pour qu'on évite
d'en remuer inconsidérément les bases, car c'est surtout en matière de
finances que le mieux peut être l'ennemi du bien. Tout n'est pas parfait
à coup sûr dans l'économie actuelle de notre législation fiscale. La ré-
partition des charges communes entre les contribuables est, à certains
égards, critiquable, aussi bien pour l'impôt direct que pour les taxes
de consommation, et plus ces charges sont devenues lourdes, plus il
est urgent d'en aplanir les inégalités. Mais le programme que le Gouvernement oppose à ceux des novateurs ne consiste pas dans l'immobi-
lité absolue, dans le *statu quo* quand même. Loin de là. Voici d'un côté
le projet de loi sur le cadastre qui est destiné à préparer la péréquation
de l'impôt foncier. Voilà, d'un autre côté, le projet de loi sur les patentes qui tend pareillement à mieux proportionner aux facultés individuelles la contribution spéciale à laquelle tous les commerçants
sont personnellement et directement assujettis. A vrai dire, il n'est
pas question dans ce projet, comme dans celui du président de la
Commission du budget, de prendre pour base de la fixation du droit
de patente la déclaration que ferait le patenté du chiffre de ses bé-
néfices. Mais faut-il le regretter ? C'est une noble mais dangereuse
confiance que celle qui consiste à dire que le commerce français rou-
girait de tromper le fisc. Ceux des contribuables qui rougissent de
tromper le fisc sont rares, hélas ! en France comme ailleurs, et les
commerçants auraient mauvaise grâce à demander à l'administration

de les croire sur parole, car il n'en est pas un qui, en affirmant sa bonne foi, n'affirme, avec au moins autant de conviction, la mauvaise foi des autres. Il n'est question que de contrefaçons, sur les prospectus et les étiquettes ; il n'est question que de ventes à faux poids et de tromperies sur la qualité des choses vendues dans les feuilles judiciaires. La sophistication est devenue une science véritable, et c'est peut-être celle qui compte de nos jours le plus d'adeptes. Aussi multiplie-t-elle ses conquêtes. Vous vous rappelez ce charcutier de Paris qui fut, il y a dix ou quinze ans, condamné pour avoir truffé ses pieds farcis avec du mérinos ? Ce qui indignait ses confrères, c'était moins l'indélicatesse de la chose, que la maladresse du procédé. On trompe mieux que cela aujourd'hui, et de mieux en mieux. Le vin et le lait se traitent encore assez volontiers par l'eau pure, mais il y a pour atteindre le même résultat des recettes presque aussi économiques et beaucoup plus distinguées. Le café, même en grains, s'imite avec succès. Le sucre en poudre se prête aux mélanges les plus variés. Les savons à l'amande, les bonbons à la fraise, à l'ananas, etc..., ne se parfument plus guère qu'avec les dérivés de la houille, et tout récemment un savant micrographe informait l'Académie des sciences que, sur onze échantillons de poivre achetés chez onze épiciers différents, il n'avait pu découvrir un seul atome de vrai poivre. Il y avait de l'argile pulvérisée, il y avait de la sciure de bois, il y avait du noyau d'olive râpé ; — il y avait de tout, excepté le fruit du poivrier... Voilà malheureusement comment beaucoup d'honnêtes commerçants comprennent les affaires, et cela étant, on avouera qu'à leur égard la défiance est de rigueur.

Qu'on revise donc, qu'on revise avec soin et qu'on réduise s'il y a lieu la contribution des patentes ; mais qu'on se garde bien de lâcher la proie pour l'ombre, comme on le ferait si l'on substituait imprudemment aux bases toutes matérielles actuellement adoptées pour l'assiette de l'impôt une déclaration forcément suspecte et très-difficilement contrôlable.

Le programme du Gouvernement ne comprend pas seulement des révisions de lois ; il comprend aussi des dégrèvements proprement dits, c'est-à-dire des suppressions ou réductions de taxes, et c'est là ce qui promet surtout d'intéressants débats. Le temps n'est plus où le déficit persistant des budgets imposait, à chaque session, la cruelle nécessité de chercher de nouveaux impôts, bons ou mauvais, et de les entasser, sans compter, les uns sur les autres. C'était comme une fièvre, accompagnée parfois d'un peu de délire. Les idées les plus excentriques hantaient certains cerveaux. Au sein même de l'Assemblée nationale, l'initiative parlementaire mettait en circulation d'étranges propositions. Un député dont nous avons oublié le nom, mais qui devait être du Midi, réclamait l'impôt sur les cheminées, évidemment inadmissible dans un pays qui présente, comme la France, d'énormes différences de climat. Un autre poursuivait de ses menaces les spécialités pharmaceutiques. Un troisième s'acharnait contre les pianos. Chacun voulait avoir mis la main à l'œuvre commune.

Ce travail de Danaïdes est enfin arrivé à son terme. Le budget a fini par se remplir, et même par déborder quelque peu, le développement spontané de la richesse publique et des consommations individuelles grossissant d'année en année le débit de chacune des sources des revenus de l'État. En prenant la liste complète des recettes inscrites au budget de 1876 et en en évaluant l'importance actuelle selon la méthode ordinaire de l'administration des finances, c'est-à-dire d'après les résultats moyens des quatre dernières années, on trouverait, pour 1878, une prévision totale de 2,815,896,804 francs. A vrai dire, les Chambres, en décembre 1876, ont cru pouvoir supprimer les deux décimes et demi qui avaient été ajoutés, en décembre 1875, au principal de l'impôt du sel, soit une somme de 7,028,000 francs. Mais, cette défalcation faite, c'est encore à 2,808,868,804 francs que monterait, pour l'exercice courant, l'évaluation d'un budget de recettes composé identiquement de la même façon que celui de 1877. Rapprochant ce chiffre de celui du budget des dépenses rectifié et modifié, soit 2,787,297,771 fr., l'excédant probable ressort à 21,571,033 fr.

Et voilà la question capitale qui se pose : Que va-t-on faire de ces vingt millions d'excédant ? Va-t-on les laisser là, comme garantie supplémentaire de l'équilibre obtenu ? Il n'y aurait après tout rien d'excessif à mettre ainsi au bord d'un budget de près de trois milliards une marge qui en représente seulement les sept millièmes. Mais cet excès de précaution qui, dans d'autres circonstances, pourrait être une preuve de sagesse, serait, dans les conditions actuelles, une faute.

Et d'abord, voici plusieurs années de suite que les recouvrements effectifs, loin de rester inférieurs aux évaluations, les dépassent constamment : les impôts et revenus indirects, en 1876, avaient procuré au Trésor un boni de 153 millions. L'exercice 1877, malgré les influences défavorables qui ont été communes à tous les pays civilisés ou spéciales à la France, se solde encore par une différence en plus de 40 millions. Il n'y a donc aucune raison de redouter, pour 1878, les déficits qui ont été épargnés aux années antérieures. A vrai dire, les excédants de recettes, qui sont devenus un des éléments réguliers de nos bilans annuels, ont pour contre-partie les crédits supplémentaires ou extraordinaires qui deviennent aussi un mal chronique, et dont l'importance est toujours supérieure à celle des crédits annulés. Mais, tout compte fait, l'équilibre reste solidement assuré, et un excédant budgétaire de vingt millions dépasse certainement de beaucoup les nécessités actuelles.

D'autre part, il y a urgence, urgence véritable à entrer résolûment dans la voie des dégrèvements. C'est merveille que la France ait porté sans fléchir les charges énormes qu'il a fallu, au lendemain d'une guerre affreuse, accumuler sur ses épaules encore ensanglantées. Mais il ne faut pas prolonger outre mesure de semblables expériences. Le moindre dégrèvement, dans une situation comme la nôtre, est un réel bienfait, parce que ce sont naturellement les points les plus meurtris qu'on soulage les premiers. M. Laboulaye parlait naguère, au Collège de France, d'un roi du bon vieux temps que l'infinie variété des tortures en usage dans ses États avait douloureusement ému, et qui, après mûr examen, en avait réduit le nombre à dix, choisies, il est vrai, parmi les plus efficaces. On peut douter que cette demi-mesure ait suffi pour lui valoir les bénédictions des victimes; mais ce qui laissait tant à désirer comme programme judiciaire constituerait, à nos yeux, dans la situation présente, un excellent programme financier. Tout impôt est aussi, pour ceux qui le paient, une sorte de torture, malheureusement inévitable. Ne pouvant les supprimer tous, il faut du moins se proposer d'en réduire peu à peu le nombre, en éliminant les moins acceptables, à mesure que les meilleurs deviennent de plus en plus productifs. Et quand on a, comme c'est le cas en ce moment, une vingtaine de millions de trop dans son budget, il faut s'empresser d'en faire profiter le contribuable en diminuant d'autant le fardeau sous lequel il gémit. Reste à savoir à quelles taxes il convient d'accorder le bénéfice de ces premiers dégrèvements. L'embarras du choix peut être ici un embarras très-réel.

Voici comment se répartissent les 2,808,868,804 fr. qui constituent le rendement probable en 1878 de toutes les ressources dont se composait le budget des recettes de 1877 :

ÉVALUATION POUR 1878 DE TOUTES LES RESSOURCES INSCRITES
AU BUDGET DE 1877

Contributions directes (fonds généraux).		392,114,000 fr.
Taxes spéciales assimilées aux contributions directes. . . .		25,615,800
Produits du Domaine (autre que le domaine forestier). . . .		14,970,000
Produits des forêts		38,072,600
Impôts et revenus indirects.	Enregistrement.	469,436,000
	Timbre.	153,634,000
	Douanes et sels.	286,174,000
	Contributions indirectes	1,072,353,000
	Postes.	113,876,000
Plus-value des impôts indirects par suite de l'Exposition universelle.		10,000,000
Divers revenus.	Impôt de 3 p. $^o/_o$ sur le revenu des valeurs mobilières	34,972,000
	Télégraphie privée	18,311,260
	Produits universitaires.	5,063,010
	Amendes et condamnations pécuniaires	10,302,880
	Produits et revenus de l'Algérie. . .	25,891,400
	Retenues pour pensions civiles. . . .	18,358,000
Produits divers du budget.		49,501,672
Produits extraordinaires (versements de la Société algérienne)		3,500,000
Ressources extraordinaires (produits des obligations affectées à des travaux publics)		66,723,182
	Ensemble	2,808,868,804 fr.

Si, à la suite de ce tableau, nous pouvions reproduire toute la série des amendements relatifs aux recettes, proposés l'année dernière ou cette année ; si nous pouvions en outre relever tous les vœux exprimés dans le même ordre d'idées, soit par les conseils généraux, soit par les chambres de commerce, soit par les sociétés savantes ou par la presse, nous verrions qu'il y a peu d'impôts dont la suppression complète ou l'atténuation n'ait été plus ou moins vivement réclamée par les intéressés.

Bornons-nous à mentionner ceux dont M. Léon Say, dans le projet déposé il y a un an, et ceux dont M. Caillaux, dans le projet déposé il y a deux mois, consentaient l'abandon total ou partiel.

Indépendamment de la réforme postale dont il avait pris l'initiative, M. Léon Say sacrifiait intégralement l'impôt sur les huiles (5,735,000 fr.) et l'impôt sur les savons (6,156,000 fr.) ; il réduisait de 5 p. $^o/_o$ à

4 p. % l'impôt sur la petite vitesse (4,443,000 fr.); il réduisait en même temps le produit de l'impôt sur les allumettes (4,147,000 fr.).

M. Caillaux rétablissait le produit intégral des allumettes, la Chambre s'étant montrée défavorable aux concessions qu'il avait été question de faire à la Compagnie fermière. M. Caillaux rétablissait également le droit sur les huiles et le droit sur les savons. Par contre, il réduisait de 13 centimes par franc la contribution des patentes (10,286,900 fr.), d'un tiers (50 c. sur 1 fr. 50 c. par 1,000 fr.) le timbre proportionnel des effets de commerce triplé depuis la guerre (5,000,000 fr.). Il maintenait la réduction d'un cinquième sur l'impôt de la petite vitesse (4,443,000 fr.).

Voici en quels termes M. Say motivait la suppression des taxes spéciales aux savons et aux huiles: « Les droits de fabrication, disait-il, en frappant la richesse à sa source, sont ceux qui nuisent le plus au développement de la fortune publique. Celui qui pèse sur la fabrication des savons a, en outre, l'inconvénient de provoquer des fraudes considérables. Enfin parmi les impôts qui ont été créés depuis quelques années, le droit d'entrée sur les huiles est un de ceux qui doivent disparaître les premiers, parce qu'il est mal réparti et d'une application difficile dans les pays de production. »

M. Caillaux disait au contraire : « L'équité veut que les dégrèvements soient combinés de manière à profiter au plus grand nombre des contribuables. D'autre part, nous estimons que, dans la situation actuelle de nos finances, il est prudent de procéder par voie de réductions, plutôt que par voie de suppressions d'impôts. On trouve ainsi, dans le présent, un avantage égal, sans engager l'avenir au même degré... C'est d'après ce double principe que nous avons renoncé à supprimer le droit sur les huiles et sur les savons et que nous proposons une réduction sur la contribution des patentes et une réduction sur le timbre des effets de commerce. Elles profiteront l'une et l'autre au commerce tout entier. »

Même sur ce que les deux projets ont de commun, c'est-à-dire la réduction de l'impôt sur la petite vitesse, 4 p. % au lieu de 5 p. %, les deux exposés de motifs indiquent certaines divergences : « L'impôt de 5 p. % sur les transports à petite vitesse par chemin de fer, disait l'exposé du 11 janvier 1877, est un obstacle à l'accroissement de la circulation. Les inconvénients en sont connus. La situation de nos finances ne permettait pas de supprimer en une fois un produit de

22,208,000 fr. ; mais nous avons cru qu'on pouvait poser le principe d'un dégrèvement graduel et entrer tout de suite dans la voie de la réforme... Nous vous pi oposons de préparer la suppression de l'impôt sur les transports à petite vitesse en l'abaissant de 1 p. %, par année, ce qui le réduira, pour 1878, à 4 p. %, et ainsi de suite jusqu'à extinction. On pourra d'ailleurs se réserver, dans le cas de plus-values au cours des exercices, d'avancer les termes successifs de la réduction. »

Voici maintenant comment s'exprime l'exposé des motifs du 12 novembre dernier : « En réduisant le taux de la taxe de la petite vitesse à 4 p. %, pour 1878, et si on le peut à 3 p. %, pour 1879, on donnera une satisfaction suffisante à ceux pour lesquels cette taxe constitue une charge sérieuse. La supprimer entièrement serait une faute. Cet impôt a le grand avantage que la perception n'en coûte rien. D'un autre côté, l'administration des contributions indirectes, chargée de surveiller cette perception, trouve, à cette occasion, dans l'examen des livres des compagnies de chemins de fer, un moyen très-efficace de contrôle à l'égard de beaucoup de fraudes. »

La Commission du budget avait ainsi, sous les yeux, le pour et le contre, avant même que la discussion fût ouverte.

La récente nomination d'un nouveau rapporteur général, en remplacement de M. Cochery, devenu sous-secrétaire d'État, a naturellement retardé le dépôt du rapport relatif aux recettes. Cependant on connaît à peu près les conclusions définitives de la Commission. Elle maintient, jusqu'à nouvel ordre, le droit sur les huiles et le timbre de 1 fr. 50 c. par 1,000 fr. sur les effets de commerce. Elle a voté la suppression totale de l'impôt des savons, à partir du 1er mai prochain, soit une perte de 4 millions et demi, et la suppression totale de l'impôt de la petite vitesse à partir du 1er juillet, soit une perte de 11,107,500 fr. D'autre part, les recettes des douanes seraient réduites de 3,134,000 fr. sur les prévisions primitives. Le chiffre total des dégrèvements s'éleverait ainsi, dès 1878, à 18,741,500 fr.

Si tel est, en effet, le programme de la Commission, programme très-acceptable, il est assez vraisemblable que la majorité de la Chambre s'y ralliera et que le Sénat n'y changera rien. Ceux des dégrèvements annoncés par l'un ou l'autre des deux projets de budgets que la commission a cru devoir ajourner donneront lieu sans doute à des regrets d'autant plus vifs et à des instances d'autant plus pressantes que les espérances ont été plus grandes. Mais, à moins de complications nouvelles, il est à peu près certain que le budget de 1879 commencera par payer les dettes arriérées du budget de 1878. Il ne faut donc qu'un peu de patience.

On peut s'étonner que nous n'ayons encore parlé ni de la réforme postale ni de la réforme télégraphique. Voilà plus d'un an que la réduction du prix des lettres et des dépêches, sollicitée par l'opinion publique, est officiellement promise par le Gouvernement. Le projet de loi postale de M. Say date du 11 novembre 1876 et prévoyait sa mise en vigueur pour le 1er janvier 1877. Nous sommes en janvier 1878 et les lettres intérieures coûtent toujours 15 et 25 centimes, les dépêches 60 c. et 1 fr. 40 c. Pourquoi ce retard fâcheux apporté à une réforme dont le principe au moins trouvait tout le monde d'accord? Mon Dieu! c'est l'histoire de ce personnage de comédie qui a promis des étrennes à son neveu, mais qui se demande s'il donnera trente louis ou soixante, et qui, à force d'hésiter, ne donne rien. Le jeune homme qui trouve, comme l'amant de Philis, qu'on finit par désespérer « alors qu'on espère toujours », supplie son oncle de commencer par trente louis, quitte à doubler la dose ensuite; et le contribuable, qui joue ici le rôle du neveu, trouvait également que, puisque le seul point discuté, relativement à la question postale, était de savoir si la lettre, qui coûte actuellement 25 centimes serait abaissée à 20 ou à 15 centimes, le mieux serait de la mettre tout de suite à 20 centimes, se réservant de retrancher encore 5 centimes si on finissait par trouver la chose possible au point de vue financier. Toujours est-il que rien n'était fait quand est venu le 16 mai.

Mais qu'on se rassure. La réduction promise ne se fera pas longtemps attendre maintenant, et si nous ne l'avons pas rencontrée sur notre chemin, en visitant avec le lecteur, comme nous venons de le faire, le budget de 1878, c'est qu'on paraît s'être arrêté à l'idée de la demander à des ressources extra-budgétaires, par exemple à un emprunt sur l'excédant de 43 millions laissé disponible par l'exercice clos de 1876.

A. DE FOVILLE.

Nancy, impr. Berger-Levrault et Cie.